Published by Strawberry Reads Publishing, an imprint of Strawberry Publications, LLC
© Copyright 2016
First Printing 2016
ISBN 978-0692733363

This book is dedicated to the growing minds of our children.

MRS. REED

ABC
COLORING BOOK

THIS BOOK BELONGS TO

_____

Strawberry Reads
Children's Books and Young Adult Publishing

Aa

A A

a a

Bb

B B

b b

Cc

C C

C C

Dd

D D

d d

Ee

E E _____

e e

Ff

F f

Gg

G G

g g

Hh

H h

Ii

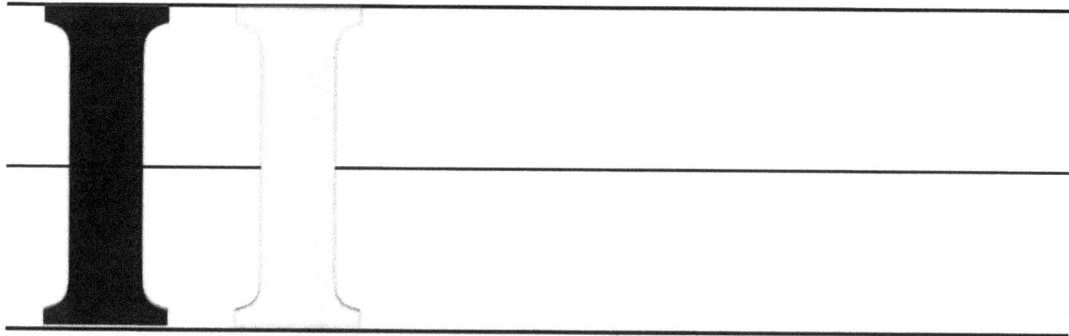

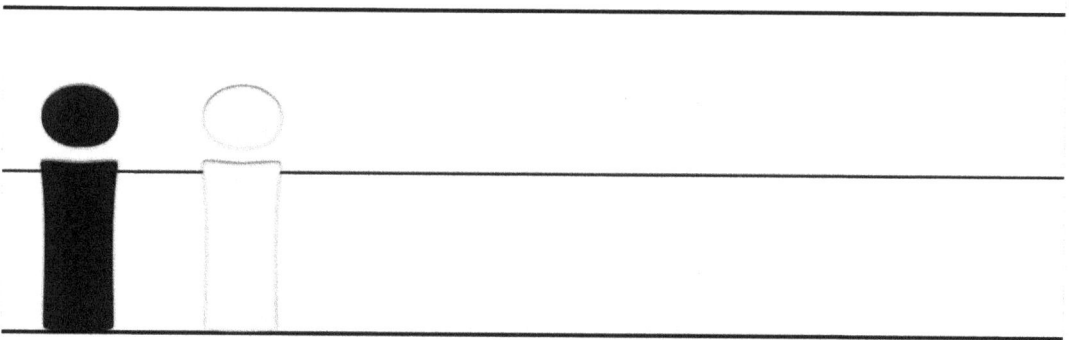

Jj

J J

j j

Kk

K K

k k

Ll

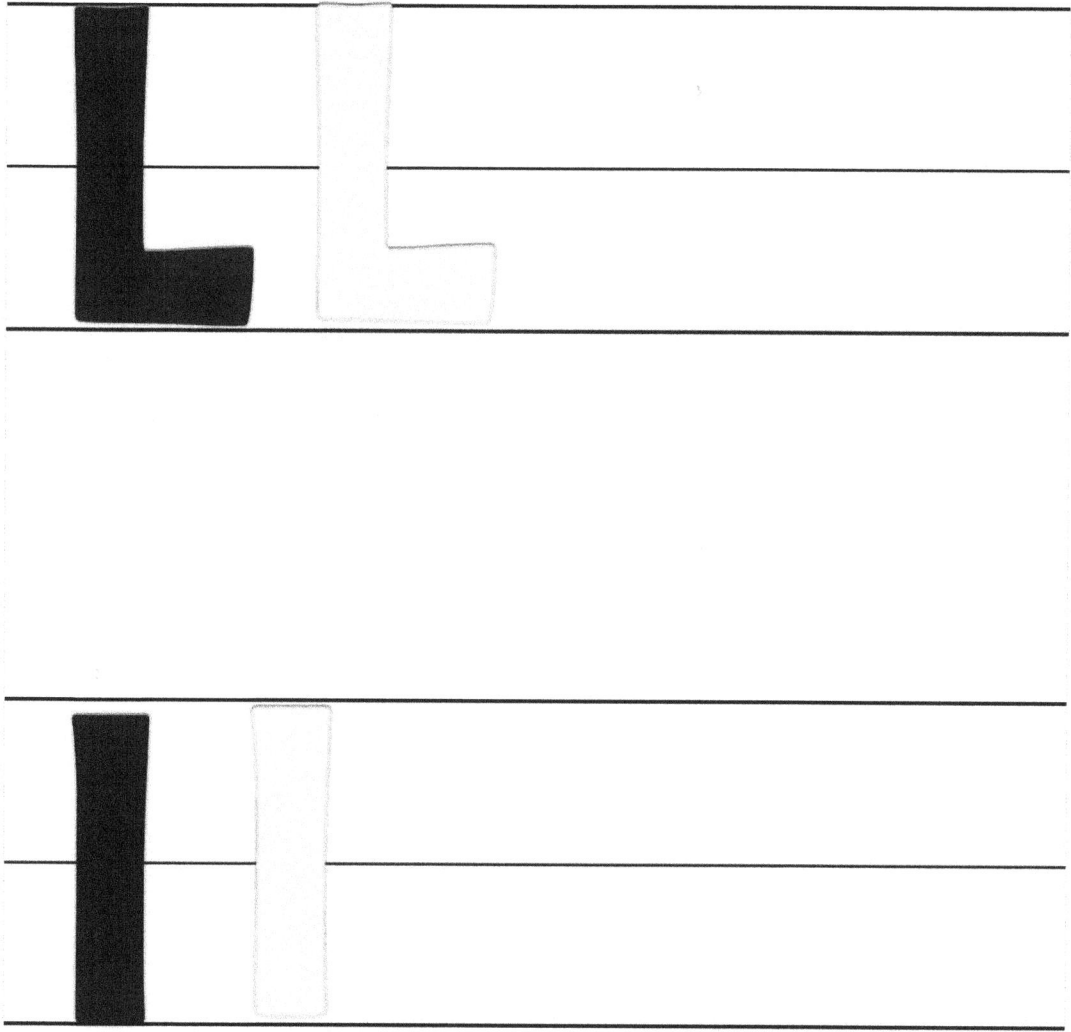

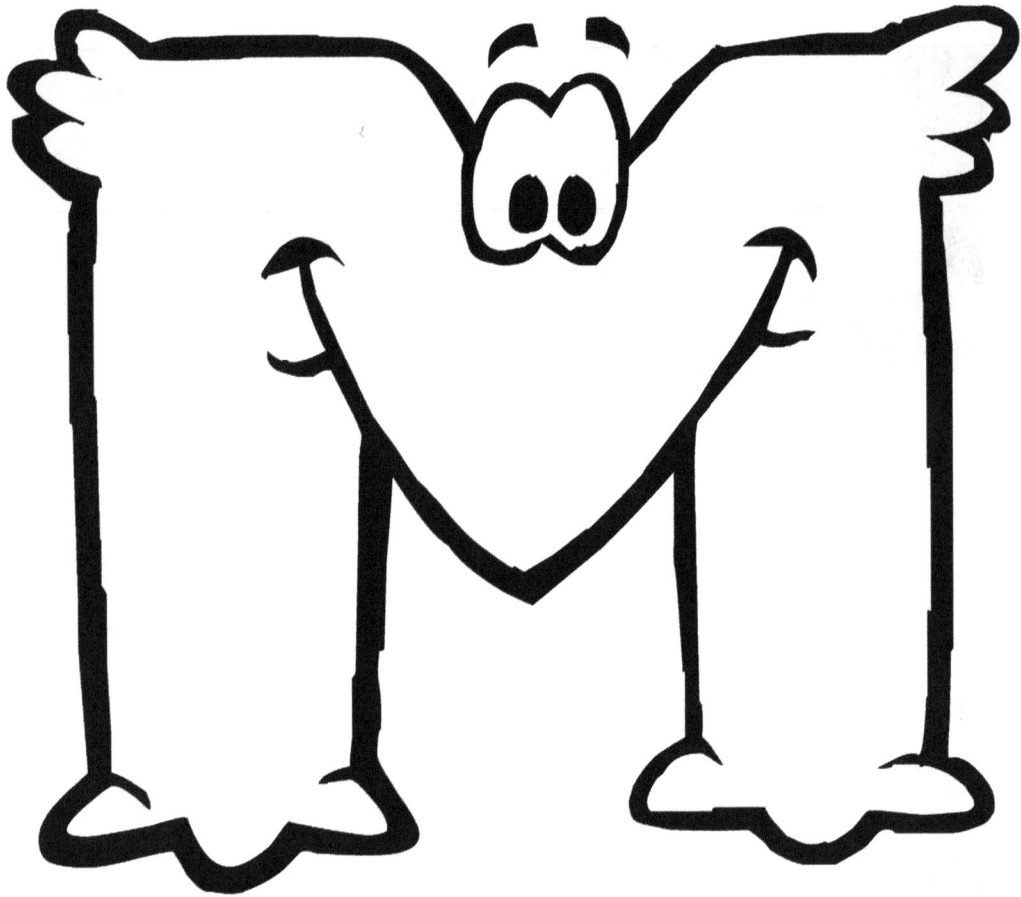

Mm

M M

m m

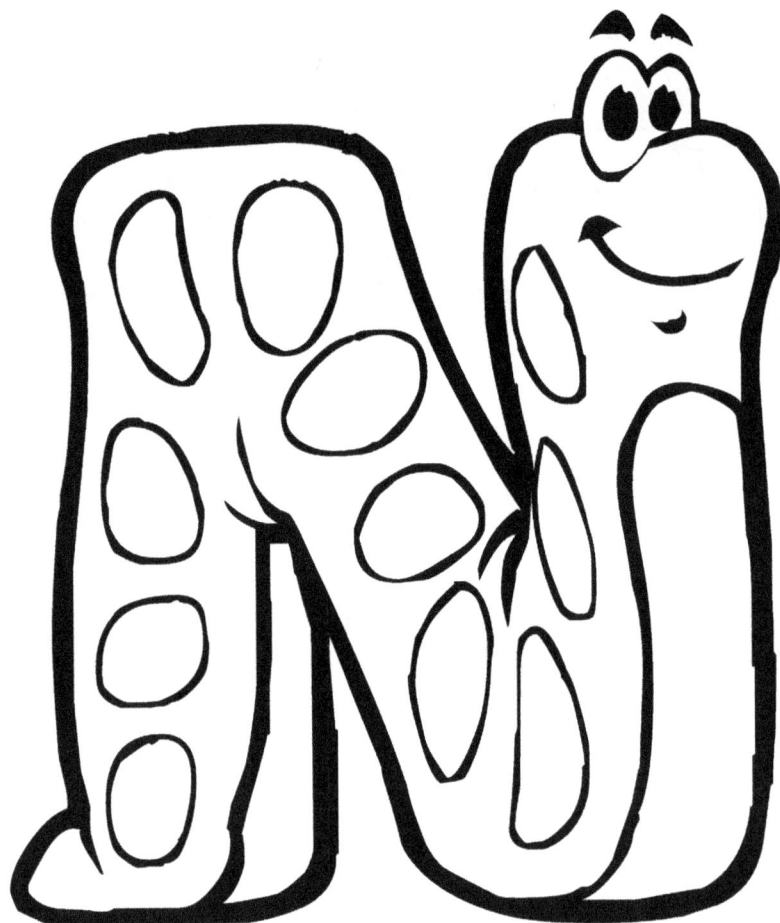

Nn

N N

n n

Oo

O O

o o

Pp

P P

p p

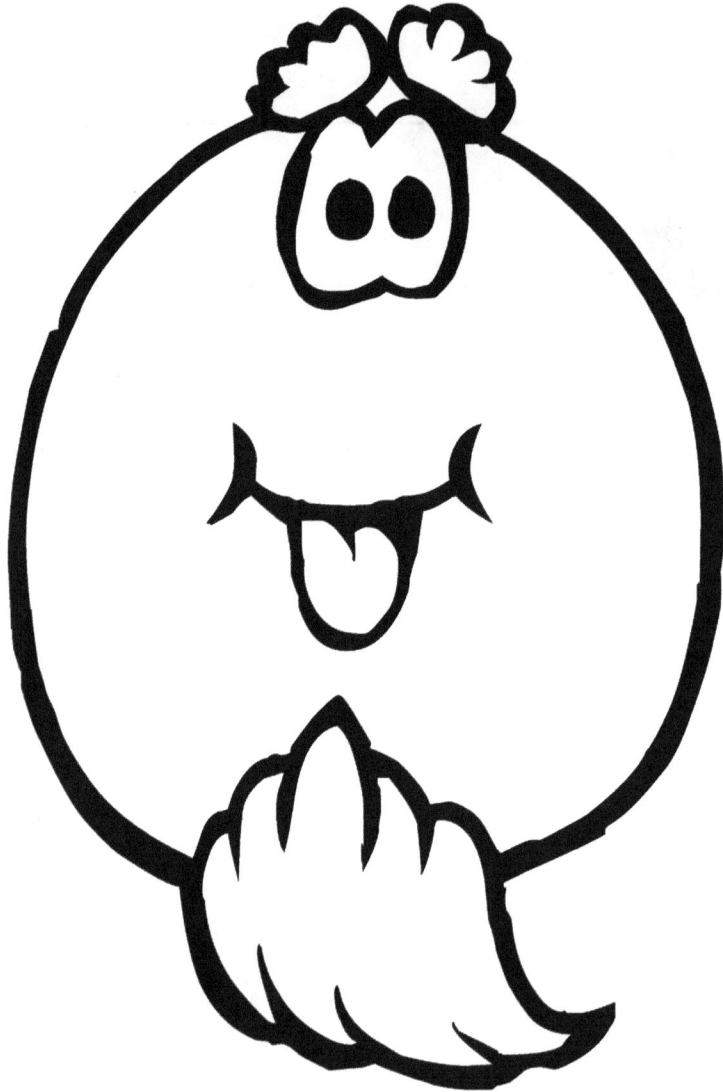

Qq

Q Q

q q

Rr

R R

r r

Ss

S S

S S

Tt

T t

t t

Uu

U U

u u

Vv

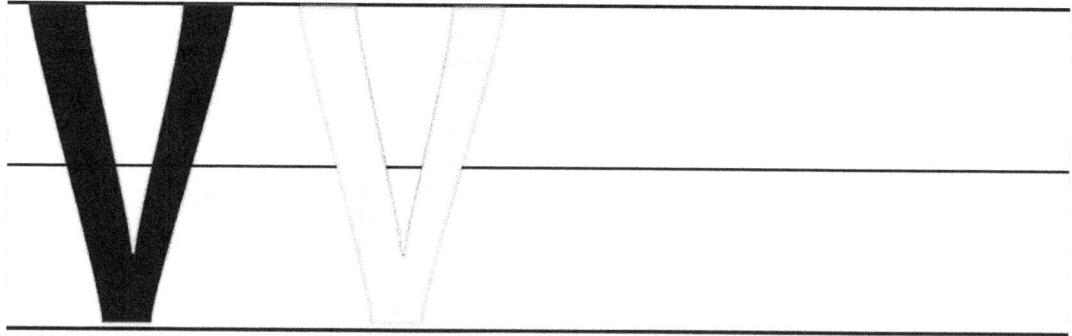

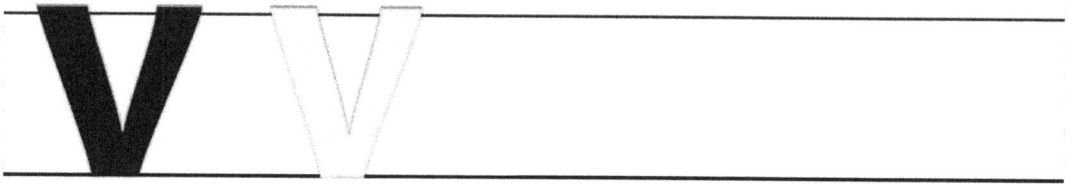

Ww

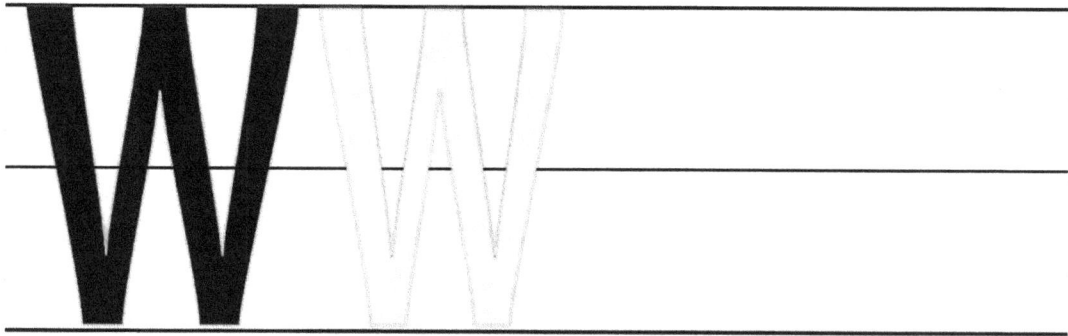

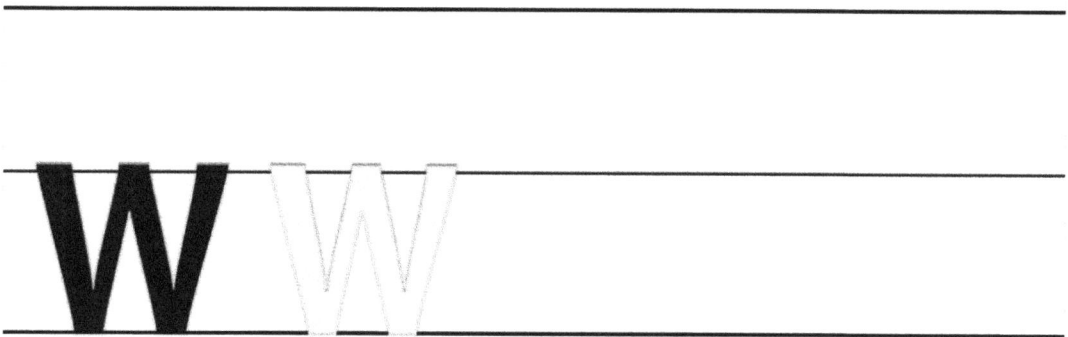

Xx

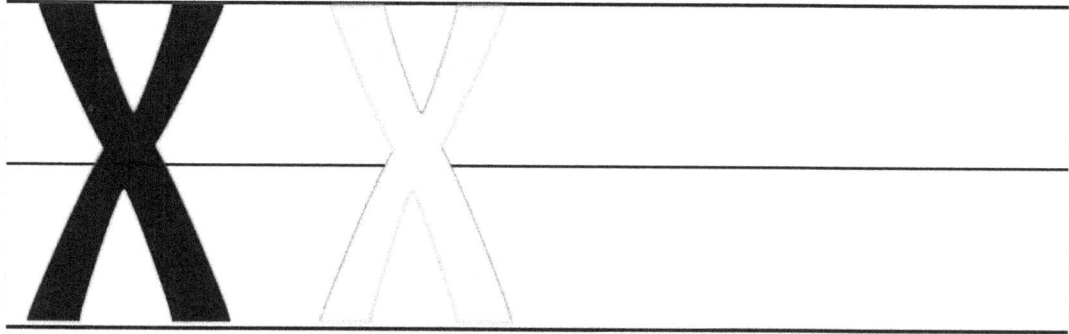

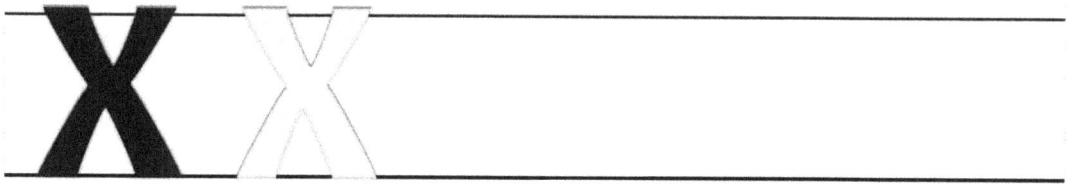

Yy

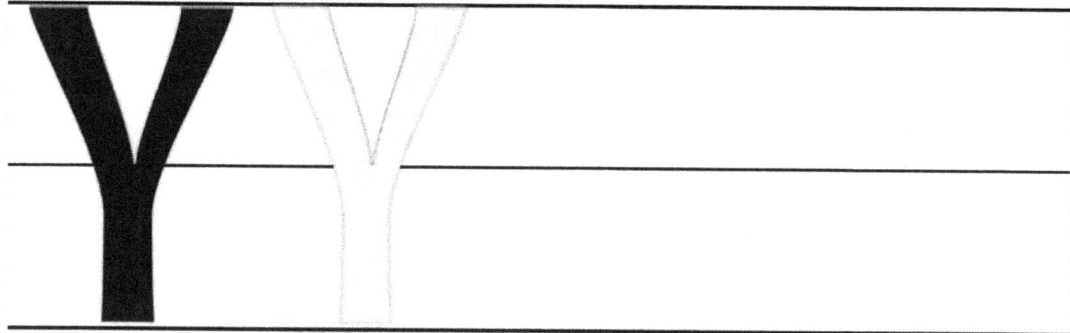

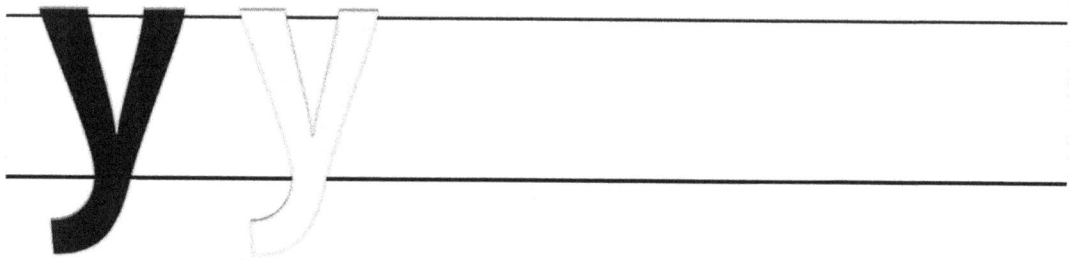

Zz

Zz

Zz

www.ingramcontent.com/pod-product-compliance
Lightning Source LLC
Chambersburg PA
CBHW080532030426
42337CB00023B/4700